Todos los libros de Linkgua Ediciones cuentan con modelos de Inteligencia Artificial entrenados por hispanistas. Pregúntale al chat de tu libro lo que desees acerca de la obra o su autor/a.

Para ebooks: Accede a nuestro modelo de IA a través de este enlace.

Para libros impresos: Escanea el código QR de la portada con tu dispositivo móvil.

Obtén análisis detallados de nuestros libros, resúmenes, respuestas a tus preguntas y accede a nuestras ediciones críticas generativas para una experiencia de lectura más enriquecedora.
La transparencia y el respeto hacia la autoría de las fuentes utilizadas son distintivos básicos de nuestro proyecto. Por ello, las respuestas ofrecen, mediante un sistema de citas, las fuentes con las que han sido elaboradas.

Leopoldo Lugones

Poemas

Barcelona 2024
Linkgua-ediciones.com

Créditos

Título original: Poemas.

© 2024, Red ediciones S.L.

e-mail: info@linkgua.com

Diseño de cubierta: Michel Mallard.

ISBN rústica: 978-84-9816-599-9.
ISBN ebook: 978-84-9897-975-6.

Cualquier forma de reproducción, distribución, comunicación pública o transformación de esta obra solo puede ser realizada con la autorización de sus titulares, salvo excepción prevista por la ley. Diríjase a CEDRO (Centro Español de Derechos Reprográficos, www.cedro.org) si necesita fotocopiar, escanear o hacer copias digitales de algún fragmento de esta obra.

Sumario

Créditos	4
Brevísima presentación	11
La vida	11
Oda a la desnudez	13
Los celos del sacerdote	17
Tentación	19
Paradisíaca	21
El astro propicio	23
Venus Victa	25
En color exótico	27
El éxtasis	29
Delectación morosa	31
Oceanida	33
La alcoba solitaria	35
Las manos entregadas	37

Holocausto	39
Emoción aldeana	41
A Rubén Darío y otros cómplices	45
Himno a la Luna	49
Al jorobado	65
Plegaría de carnaval	67
La última careta	69
Divagación lunar	71
Lunofilia	75
Luna maligna	77
Luna de los amores	79
A Buenos Aires	83
A los gauchos	87
Paseo sentimental	91
Nocturno	97
La blanca soledad	99

El canto de la angustia	101
Historia de mi muerte	105
A ti, única	107
El nido ausente	111
Salmo pluvial	113
La tarde clara	115
La noche pura	117
La cachila	119
El martín pescador	121
La garza	123
La torcaz	125
El picaflor	127
El hornero	129
Estampas japonesas	133
Balada del fino amor	135
Rosa marchita	139

Rosa de otoño	**141**
Alma venturosa	**143**
El amor eterno	**145**
Tonada	**147**
La palmera	**149**
Elegía crepuscular	**151**
Lied de la boca florida	**153**
Libros a la carta	**155**

Brevísima presentación

La vida

Leopoldo Lugones (1874-1938). Argentina.

El primer libro de poemas de Lugones es *Las montañas del oro*, de 1897, con versos medidos y libres, y prosa poética, en pleno auge del modernismo. Más tarde publicó *Los crepúsculos del jardín* (1905) y *Lunario sentimental* (1909), todos influidos por Rubén Darío. *Odas seculares* (1910), supuso un cambio en su estilo, que exalta las riquezas argentinas inspirado en Virgilio. Su poesía se vuelve intimista y cotidiana en *El libro fiel* (1912), *El libro de los paisajes* (1917) y *Las horas doradas* (1922), *Romancero* (1922), *Poemas solariegos* (1927) y el póstumo *Romances del Río Seco* tienen un estilo más narrativo. La presente antología contiene poemas de todos los libros antes citados con excepción del último.

Oda a la desnudez[1]

¡Qué hermosas las mujeres de mis noches!
En sus carnes, que el látigo flagela,
Pongo mi beso adolescente y torpe,
Como el rocío de las noches negras
Que restaña las llagas de las flores.
Pan dice los maitines de la vida
En su rústico pífano de roble,
Y Canidia compone en su redoma
Los filtros del pecado, con el polen
De rosas ultrajadas, con el zumo
De fogosas cantáridas. El cobre
De un címbalo repica en las tinieblas,
Reencarnan en sus mármoles los dioses,
Y las pálidas nupcias de la fiebre
Florecen como crímenes; la noche,
Su negra desnudez de virgen cafre
Enseña engalanada de fulgores
De estrellas, que acribillan como heridas
Su enorme cuerpo tenebroso. Rompe
El seno de una nube y aparece
Crisálida de plata, sobre el bosque,
La media Luna, como blanca uña,
Apuñaleando un seno; y en la torre
Donde brilla un científico astrolabio,
Con su mano hierática, está un monje
Moliendo junto al fuego la divina
Pirita azul en su almirez de bronce.

---

1   Las montañas del oro, 1897, pág. 27. (N. del E.)

Surgida de los velos aparece
(ensueño astral) mi pálida consorte,
Temblando en su emoción como un sollozo,
Rosada por el ansia de los goces
Como divina brasa de incensario.
Y los besos estallan como golpes,
Y el rocío que baña sus cabellos
Moja mi beso adolescente y torpe;
Y gimiendo de amor bajo las torvas
Virilidades de mi barba, sobre
Las violetas que la ungen, exprimiendo
Su sangre azul en sus cabellos nobles,
Palidece de amor como una grande
Azucena desnuda ante la noche.

¡Ah! muerde con tus dientes luminosos,
Muerde en el corazón las prohibidas
Manzanas del Edén; dame tus pechos,
Cálices del ritual de nuestra misa
De amor; dame tus uñas, dagas de oro,
Para sufrir tu posesión maldita;
El agua de sus lágrimas culpables;
Tu beso en cuyo fondo hay una espina.
Mira la desnudez de las estrellas;
La noble desnudez de las bravías
Panteras de Nepal, la carne pura
De los recién nacidos; tu divina
Desnudez que da luz como una lámpara
De ópalo, y cuyas vírgenes primicias
Disputaré al gusano que te busca,
Para morderte con su helada encía
El panal perfumado de tu lengua,

Tu boca, con frescuras de piscina.
Que mis brazos rodeen tu cintura
Como dos llamas pálidas, unidas
Alrededor de una ánfora de plata
En el incendio de una iglesia antigua.
Que debajo mis párpados vigilen
La sombra de tus sueños mis pupilas
Cual dos fieras leonas de basalto
En los portales de una sala egipcia.
Quiero que ciña una corona de oro
Tu corazón, y que en tu frente lilia
Caigan mis besos como muchas rosas,
Y que brille tu frente de Sibila
En la gloria cirial de los altares,
Como una hostia de sagrada harina;
Y que triunfes, desnuda como una hostia,
En la pascua ideal de mis delicias.
¡Entrégate! La noche bajo su amplia
Cabellera flotante nos cobija.
Yo pulsaré tu cuerpo, y en la noche
Tu cuerpo pecador será una lira.

Los celos del sacerdote[2]

Obsta con densa máscara de seda
El cruel carmín de tu inviolada boca,
Y la gran noche azul de tus pupilas,
Y el cielo de tu fuente luminosa.
Destrenza tus cabellos como un duelo
Sobre tu nuca artística, ¡oh Theóclea!
(tus largas trenzas
Peinadas por los besos de mi boca).
Y reviste la túnica de luto,
Que cuando en torno de tus flancos flota,
Parece que la noche se desprende
De tus hombros. Yo quiero, con la loca
Ansiedad de mis celos exclusivos,
Solo para mis manos, esa heroica
Desnudez de tu seno, que aparece
Como el orto de un astro; y esa gloria
De tu garganta que triunfal emerge,
Como una copa
De acero, que los técnicos cinceles
Labraron; y esa curva vencedora
De tu ebúrnea cadera que realza
La orquestal armonía de tus formas
Bajo la gran caricia de la seda.
Cuando cruces (fantasmas, luz, estrofa),
Por las ruinas que pueblan mi cerebro,
Como la triste Luna que corona
La trunca arquitectura de las nubes;
Yo quiero verte envuelta por la sombra

---

2   Las montañas del oro, 1897, pág. 33. (N. del E.)

De la máscara negra y tus cabellos,
Y la fúnebre seda de tus ropas,
Como la estatua Libertad que velan
Cuando la patria está en peligro. Sola
En mi templo de amor, dame tus brazos,
Que anegarán mi cuerpo cual dos ondas,
En turbulenta confluencia unidas,
Y el beso que en los sabios sacrilegios
Me dejas en los labios como hostia,
Y el albor de tu seno en que culmina,
Bajo una tibia irrealidad de blondas,
El orgullo ducal de un palpitante
Pezón de rosa;
Y la gracia triunfal de tu cintura,
Como una ánfora llena de magnolias,
Y el hermético lirio de tu sexo,
Lirio lleno de sangre y de congojas.

Y que solo tus manos se destaquen
En la noche de seda de tus ropas,
Cuando estés en mis brazos victimarios
(¡Deseado crucifijo de las bodas!)
Y que solo tus manos sean vistas
Por extrañas pupilas, cual dos tórtolas
Que se aman blancamente, consagradas
Por los besos exhaustos de mi boca...
Y que gocen los hombres del delito
De tus manos desnudas: ¡oh Theóclea!

Tentación[3]

Calló por fin el mar, y así fue el caso:
En un largo suspiro violeta,
Se extenuaba de amor la tarde quieta
Con la ducal decrepitud del raso.

Dios callaba también; una secreta
Inquietud expresábase en tu paso;
La palidez dorada del Ocaso
Recogía tu lánguida silueta.

El campo en cuyo trebolar maduro
La siembra palpitó como una esposa,
Contemplaba con éxtasis impuro

Tu media negra; y una silenciosa
Golondrina rayaba el cielo rosa,
Como un pequeño pensamiento oscuro.

---

3   Los crepúsculos del jardín, 1905, pág. 29. (N. del E.)

Paradisíaca[4]

Cabe una rama en flor busqué tu arrimo.
La dorada serpiente de mis males
Circuló por tus púdicos cendales
Con la invasora suavidad de un mimo.

Sutil vapor alzábase del limo
Sulfurando las tintas otoñales
Del Poniente, y brillaba en los parrales
La transparencia ustoria del racimo.

Sintiendo que el azul nos impelía
Algo de Dios, tu boca con la mía
Se unieron en la tarde luminosa,

Bajo el caduco sátiro de yeso,
Y como de una cinta milagrosa
Ascendí suspendido de tu beso.

---

4   Los crepúsculos del jardín, 1905, pág. 31. (N. del E.)

El astro propicio[5]

Al rendirse tu intacta adolescencia,
Emergió, con ingenuo desaliño,
Tu delicado cuello, del corpiño
Anchamente floreado. En la opulencia,

Del salón solitario, mi cariño
Te brindaba su equívoca indulgencia
Sintiendo muy cercana la presencia
Del duende familiar, rosa y armiño.

Como una cinta de cambiante falla,
Tendía su color sobre la playa
La tarde. Disolvía tus sonrojos

En insidiosas mieles mi sofisma,
Y desde el cielo fraternal, la misma
Estrella se miraba en nuestros ojos.

---

5   Los crepúsculos del jardín, 1905, pág. 33. (N. del E.)

Venus Victa[6]

Pidiéndome la muerte, tus collares
Desprendiste con trágica alegría
Y en su pompa fluvial la pedrería
Se ensangrentó de púrpuras solares.

Sobre tus bizantinos alamares
Gusté infinitamente tu agonía,
A la hora en que el crepúsculo surgía
Como un vago jardín tras de los mares.

Cincelada por mi estro, fuiste bloque
Sepulcral, en tu lecho de difunta;
Y cuando por tu seno entró el estoque

Con argucia feroz su hilo de hielo,
Brotó un clavel bajo su fina punta
En tu negro jubón de terciopelo.

---

6   Los crepúsculos del jardín, 1905, pág. 37. (N. del E.)

En color exótico[7]

Con tu pantalla oval de enea rara,
Tus largos alfileres y tus flores,
Parecías, cargada de primores
Una ambigua musmé del Yoshivara.

Hería en los musgosos surtidores
Su cristalina tecla el agua clara,
Y el tilo que a mis ojos te ocultara
Gemía con eclógicos rumores.

Tal como una bandera derrotada
Se ajó la tarde, hundiéndose en la nada.
A la sombra del tálamo enemigo

Se apagó en tu collar la última gema.
Y sobre el broche de tu liga crema
Crucifiqué mi corazón mendigo.

---

[7] Los crepúsculos del jardín, 1905, pág. 39. (N. del E.)

El éxtasis[8]

Dormía la arboleda; las ventanas
Llenábanse de luz como pupilas;
Las sendas grises se tornaban lilas;
Cuajábanse la luz en densas granas.

La estrella que conoce por hermanas
Desde el cielo tus lágrimas tranquilas,
Brotó, evocando al son de las esquilas,
El rústico Belén de las aldeanas.

Mientras en las espumas del torrente
Deshojaba tu amor sus primaveras
De muselina, relevó el ambiente

La armoniosa amplitud de tus caderas,
Y una vaca mugió sonoramente
Allá, por las sonámbulas praderas.

---

8   Los crepúsculos del jardín, 1905, pág. 41. (N. del E.)

Delectación morosa[9]

La tarde, con ligera pincelada
Que iluminó la paz de nuestro asilo,
Apuntó en su matiz crisoberilo
Una sutil decoración morada.

Surgió enorme la Luna en la enramada;
Las hojas agravaban su sigilo,
Y una araña en la punta de su hilo,
Tejía sobre el astro, hipnotizada.

Poblóse de murciélagos el combo
Cielo, a manera de chinesco biombo;
Sus rodillas exangües sobre el plinto

Manifestaban la delicia inerte,
Y a nuestros pies un río de jacinto
Corría sin rumor hacia la muerte.

---

9   Los crepúsculos del jardín, 1905, pág. 43. (N. del E.)

Oceanida[10]

El mar, lleno de urgencias masculinas,
Bramaba alrededor de tu cintura,
Y como un brazo colosal, la oscura
Ribera te amparaba. En tus retinas,

Y en tus cabellos, y en tu astral blancura,
Rieló con decadencias opalinas,
Esa luz de las tardes mortecinas
Que en el agua pacífica perdura.

Palpitando a los ritmos de tu seno,
Hinchóse en una ola el mar sereno;
Para hundirte en sus vértigos felinos

Su voz te dijo una caricia vaga,
Y al penetrar entre tus muslos finos,
La onda se aguzó como una daga.

---

10 Los crepúsculos del jardín, 1905, pág. 45. (N. del E.)

La alcoba solitaria[11]

El diván dormitaba; las sortijas
Brillaban frente a la oxidada aguja,
Y un antiguo silencio de Cartuja
Bostezaba en las lúgubres rendijas.

Sentía el violín entre prolijas
Sugestiones, cual lánguida burbuja,
Flotar su extraña anímula de bruja
Ahorcada en las unánimes clavijas.

No quedaba de ti más que una gota
De sangre pectoral, sobre la rota
Almohada. El espejo opalescente

Estaba ciego. Y en el fino vaso,
Como un corsé de inviolable raso
Se abría una magnolia dulcemente.

---

11 Los crepúsculos del jardín, 1905, pág. 47. (N. del E.)

Las manos entregadas[12]

El insinuante almizcle de las bramas
Se esparcía en el viento, y la oportuna
Selva estaba olorosa como una
Mujer. De los extraños panoramas

Surgiste en tu cendal de gasa bruna,
Encajes negros y argentinas lamas,
Con tus brazos desnudos que las ramas
Lamían, al pasar, ebrias de Luna.

La noche se mezcló con tus cabellos,
Tus ojos anegáronse en destellos
De sacro amor; la brisa de las lomas

Te envolvió en el frescor de los lejanos
Manantiales, y todos los aromas
De mi jardín sintetizó en tus manos.

---

12 Los crepúsculos del jardín, 1905, pág. 49. (N. del E.)

Holocausto[13]

Llenábanse de noche las montañas,
Y a la vera del bosque aparecía
La estridente carreta que volvía
De un viaje espectral por las campañas.

Compungíase el viento entre las cañas,
Y asumiendo la astral melancolía,
Las horas prolongaban su agonía
Paso a paso a través de tus pestañas.

La sombra pecadora a cuyo intenso
Influjo arde tu amor como el incienso
En apacible combustión de aromas,

Miró desde los sauces lastimeros,
En mi alma un extravío de corderos
Y en tu seno un degüello de palomas.

---

[13] Los crepúsculos del jardín, 1905, pág. 51. (N. del E.)

Emoción aldeana[14]

Nunca gocé ternura más extraña,
Que una tarde entre las manos prolijas
Del barbero de campaña—
Furtivo carbonario que tenía dos hijas.
Yo venía de la montaña
En mi claudicante jardinera,
Con timidez urbana y ebrio de primavera.

Aristas de mis parvas,
Tupían la fortaleza silvestre
De mi semestre
De barbas.
Recliné la cabeza
Sobre la fatigada almohadilla,
Con una plenitud sencilla
De docilidad y de limpieza;
Y en ademán cristiano presenté la mejilla...

El desconchado espejo,
Protegido por marchitos tules,
Absorbiendo el paisaje en su reflejo,
Era un óleo enorme de Sol bermejo,
Praderas pálidas y cielos azules.
Y ante el mórbido gozo
De la tarde vibrada en pastorelas,
Flameaba como un soberbio trozo
Que glorificara un orgullo de escuelas.

---

14 Los crepúsculos del jardín, 1905, pág. 193. (N. del E.)

La brocha, en tanto,
Nevaba su sedosa espuma
Con el encanto
De una caricia de pluma.
De algún redil cabrío, que en tibiezas amigas
Aprontaba al rebaño su familiar sosiego,
Exhalaban un perfume labriego
De polen almizclado las boñigas.

Con sonora mordedura
Raía mi fértil mejilla la navaja.
Mientras sonriendo anécdotas en voz baja,
El liberal barbero me hablaba mal del cura.
A la plática ajeno,
Preguntábale yo, superior y sereno
(Bien que con cierta inquietud de celibato),
Por sus dos hijas, Filiberta y Antonia;
Cuando de pronto deleitó mi olfato
Una ráfaga de agua de colonia.

Era la primogénita, doncella preclara,
Chisporroteada en pecas bajo rulos de cobre.
Mas en ese momento, con presteza avara,
Rociábame el maestro su vinagre a la cara,
En insípido aroma de pradera pobre.

Harto esponjada en sus percales,
La joven apareció, un tanto incierta,
A pesar de las lisonjas locales.
Por la puerta,
Asomaron racimos de glicinas,
Y llegó de la huerta

Un maternal escándalo de gallinas.

Cuando, con fútil prisa,
Hacia la bella volví mi faz más grata,
Su púdico saludo respondió a mi sonrisa.
Y ante el sufragio de mi amor pirata,
Y la flamante lozanía de mis carrillos,
Vi abrirse enormemente sus ojos de gata,
Fritos en rubor como dos huevecillos.

Sobre el espejo, la tarde lila
Improvisaba un lánguido miraje,
En un ligero vértigo de agua tranquila.
Y aquella joven con su blanco traje
Al borde de esa visionaria cuenca,
Daba al fugaz paisaje
Un aire de antigua ingenuidad flamenca.

A Rubén Darío y otros cómplices[15]

Aut insanit homo, aut versus facit.
Horacio, Sat. VII, lib. II.

> *Habéis de saber*
> *Que en cuitas de amor,*
> *Por una mujer*
> *Padezco dolor.*

> Esa mujer es la Luna,
> Que en azar de amable guerra,
> Va arrastrando por la tierra
> Mi esperanza y mi fortuna.

> La novia eterna y lejana
> A cuya nívea belleza
> Mi enamorada cabeza
> Va blanqueando cana a cana.

> Lunar blancura que opreso
> Me tiene en dulce coyunda,
> Y si a mi alma vagabunda
> La consume beso a beso,

> A noble cisne la iguala,
> Ungiéndola su ternura
> Con toda aquella blancura
> Que se le convierte en ala.

---

15 Lunario sentimental, 1909, pág. 23. (N. del E.)

En cárcel de tul,
Su excelsa beldad
Captó el ave azul
De mi libertad.

A su amante expectativa
Ofrece en claustral encanto,
Su agua triste como el llanto
La fuente consecutiva.

Brilla en lo hondo, entre el murmurio,
Como un infusorio abstracto,
Que mi más leve contacto
Dispersa en fútil mercurio.

A ella va, fugaz sardina,
Mi copla en su devaneo,
Frita en el chisporroteo
De agridulce mandolina.

Y mi alma, ante el flébil cauce,
Con la líquida cadena,
Deja cautivar su pena
Por la dríada del sauce.

Su plata sutil
Me dio la pasión
De un dardo febril
En el corazón.

Las guías de mi mostacho
Trazan su curva; en mi yelmo,

Brilla el fuego de San Telmo
Que me erige por penacho.

Su creciente está en el puño
De mi tizona, en que riela
La calidad paralela
De algún ínclito don Nuño.

Desde el azul, su poesía
Me da en frialdad abstrusa,
Como la neutra reclusa
De una pálida abadía.

Y más y más me aquerencio
Con su luz remota y lenta,
Que las noches trasparentan
Como un alma del silencio.

Habéis de saber
Que en cuitas de amor,
Padezco dolor
Por esa mujer.

Himno a la Luna[16]

Luna, quiero cantarte
¡Oh ilustre anciana de las mitologías!
Con todas las fuerzas del arte.

Deidad que en los antiguos días
Imprimiste en nuestro polvo tu sandalia,
No alabaré el litúrgico furor de tus orgías
Ni tu erótica didascalia,
Para que alumbres sin mayores ironías,
Al polígloto elogio de las Guías,
Noches sentimentales de mieses en Italia.

Aumenta el almizcle de los gatos de algalia;
Exaspera con letárgico veneno
A las rosas ebrias de etileno
Como cortesanas modernas;
Y que tu influjo activo,
La sangre de las vírgenes tiernas
Corra en misterio significativo.

Yo te hablaré con maneras corteses
Aunque sé que solo eres un esqueleto,
Y guardaré tu secreto
Propicio a las cabelleras y a las mieses.

Te amo porque eres generosa y buena,
¡Cuánto, cuánto albayalde
Llevas gastado en balde

---

16 Lunario sentimental, 1909, pág. 27. (N. del E.)

Para adornar a tu hermana morena!

El mismo Polo recibe tu consuelo;
Y la Osa estelar desde su cielo,
Cuando huye entre glaciales moles
La luz que tu veste orla,
Gime de verse encadenada por la
Gravitación de sus siete soles.
Sobre el inquebrantable banco
Que en pliegues rígidos se deprime y se esponja,
Pasas como púdica monja
Que cuida un hospital todo de blanco.

Eres bella y caritativa:
El lunático que por ti alimenta
Una pasión nada lasciva,
Entre sus quiméricas novias te cuenta,
¡Oh astronómica siempreviva!
Y al asomar tu frente
Tras de las chimeneas, poco a poco,
Haces reír a mi primo loco
Interminablemente.

En las piscinas,
Los sauces, con poéticos desmayos,
Echan sus anzuelos de seda negra a tus rayos
Convertidos en relumbrantes sardinas.

Sobre la diplomática blancura
De tu faz, interpreta
Sus sueños el poeta,

Sus cuitas la romántica criatura
Que suspira algún trágico evento;
El mago del Cabal o la Nigricia,
Su conjuro que brota en plegaria propicia:
«¡Oh tú, ombligo del firmamento!»
Mi ojo científico y atento
Su pesimismo lleno de pericia.

Como la lenteja de un péndulo inmenso,
Regla su transcurso la dulce hora
Del amante indefenso
Que por fugaz llora,
Implorando con flébiles querellas
Su impavidez monárquica de astro;
O bien semeja ampolla de alabastro
Que cuenta el tiempo en arena de estrellas.

Mientras redondea su ampo
En monótono viaje,
El Sol, como un faisán crisolampo,
La empolla con ardor siempre nuevo.
¿Qué olímpico linaje
Brotará de ese luminoso huevo?

Milagrosamente blanca,
Satina morbideces de *cold-cream* y de histeria;
Carnes de espárrago que en linfática miseria,
La tenaza brutal de la tos arranca.

¡Con qué serenidad sobre los luengos
Siglos, nieva tu luz sus tibios copos,
Implacable ovillo en que la vieja Atropos

Trunca tantos ilustres abolengos!

Ondina de las estelas,
Hada de las lentejuelas.

Entre nubes al bromuro,
Encalla como un témpano prematuro,
Haciendo relumbrar, en fractura de estrella,
Sobre el solariego muro
Los cascos de botella.
Por el confín oscuro,
Con narcótico balanceo de cuna,
Las olas se aterciopelan de Luna;
Y abren a la luz su tesoro
En una dehiscencia de valvas de oro.

Flotan sobre lustres escurridizos
De alquitrán, prolongando oleosas listas,
Guillotinadas por el nivel entre rizos
Arabescos, cabezas de escuálidas bañistas.
Charco de mercurio es en la rada
Que con veneciano cariz alegra,
O acaso comulgada
Por el agua negra
De la esclusa del molino,
Sucumbe con trance aciago
En el trago
De algún sediento pollino.
O entra con rayo certero
Al pozo donde remeda
Una moneda
Escamoteada en un sombrero.

Bajo su leve seda,
Duerme el paciente febrífugo sueño,
Cuando en grata penumbra,
Sobre la selva que el Otoño herrumbra
Surge su cara sin ceño;
Su azufrado rostro sin orejas
Que sugiere la faz lampiña
De un mandarín de afeitadas cejas;
O en congestiones bermejas
Como si saliera de una riña,
Sobre confusos arrabales
Finge la lóbrega linterna
De algún semáforo de Juicios Finales
Que los tremendos trenes de Sabaoth interna.

Solemne como un globo sobre una
Multitud, llega al cenit la Luna.

Clarificando al acuarela el ambiente,
En aridez fulgurosa de talco
Transforma al feraz Continente—
Lámpara de alcanfor sobre un catafalco.
Custodia que en Corpus sin campanas
Muestra su excelsitud al mundo sabio,
Reviviendo efemérides lejanas
Con un arcaísmo de astrolabio;
Inexpresable cero en el infinito,
Postigo de los eclipses,
Trompo que en el hilo de las elipses
Baila eternamente su baile de San Vito;
Hipnótica prisionera

Que concibe a los malignos hados
En su estéril insomnio de soltera;
Verónica de los desterrados;
Girasol que circundan con intrépidas alas
Los bólidos, cual vastos colibríes,
En conflagración de supremas bengalas;
Ofelia de los alelíes
Demacrada por improbables desprecios;
Candela de las fobias,
Suspiráculo de las novias,
Pan ázimo de los necios.

Al resplandor turbio
De una Luna con ojeras,
Los organillos del suburbio
Se carian las teclas moliendo habaneras.

Como una dama de senos yertos
Clavada de sien a sien por la neuralgia,
Cruza sobre los desiertos
Llena de más allá y de nostalgia
Aquella Luna de los muertos.
Aquella Luna deslumbrante y seca—
Una Luna de la Meca...

Tu fauna dominadora de los climas,
Hace desbordar en cascadas
El gárrulo caudal de mis rimas.
Desde sus islas moscadas,
Misántropos orangutanes
Guiñan a tu faz absorta;
Bajo sus anómalos afanes

Una frecuente humanidad aborta.
Y expresando en coreográfica demencia
Quién sabe qué liturgias serviles,
Con sautores y rombos de magros perniles
Te ofrecen, Quijotes, su cortés penitencia.

El vate que en una endecha a la Hermosura,
Sueña beldades de raso altanero,
Y adorna a su modista, en fraudes de joyero,
Con una pompa anárquica y futura,
¡Oh Blanca Dama!, es tu faldero;
Pues no hay tristura
Rimada, o metonimia en quejumbre,
Que no implore tu lumbre
Como el Opodeldoch de la Ventura.

El hipocondríaco que moja
Su pan de amor en mundanas hieles,
Y, abstruso célibe, deshoja
Su corazón impar ante los carteles,
Donde aéreas coquetas
De piernas internacionales,
Pregonan entre cromos rivales
Lociones y bicicletas.

El gendarme con su paso
De pendular mesura;
El transeúnte que taconea un caso
Quirúrgico, en la acera oscura,
Trabucando el nombre poco usual
De un hemostático puerperal.

Los jamelgos endebles
Que arrastran como aparatos de Sinagoga
Carros de lúgubres muebles.
El ahorcado que templa en *do*, *re*, *mi*, su soga.
El sastre a quien expulsan de la tienda
Lumbagos insomnes,
Con pesimismo de *ab uno disce omnes*
A tu virtud se encomienda;
Y alzando a ti sus manos gorilas,
Te bosteza con boca y axilas.

Mientras te come un pedazo
Cierta nube que a barlovento navega,
Cándidas Bernarditas ciernen en tu cedazo
La harina flor de alguna parábola labriega.

La rentista sola
Que vive en la esquina,
Redonda como una ola,
Al amor de los céfiros sobre el balcón se inclina;
Y del corpiño harto estrecho,
Desborda sobre el antepecho
La esférica arroba de gelatina.

Por su enorme techo,
La Luna, Colombina
Cara de estearina,
Aparece no menos redonda;
Y en una represalia de serrallo,
Con la cara reída por la pata de gallo,
Como a una cebolla Pierrot la monda.

Entre álamos que imitan con rectitud extraña,
Enjutos ujieres,
Como un ojo sin iris tras de anormal pestaña,
La Luna evoca nuevos seres.

Mayando una melopea insana
Con ayes de parto y de gresca,
Gatos a la valeriana
Deslizan por mi barbacana
El suspicaz silencio de sus patas de yesca.

En una fonda tudesca,
Cierto doncel que llegó en un cisne manso,
Cisne o ganso,
Pero, al fin, un ave gigantesca;
A la caseosa Balduina,
La moza de la cocina,
Mientras estofaba una leguminosa vaina,
Le dejó en la jofaina
La Luna de propina.

Sobre la azul esfera,
Un murciélago sencillo;
Voltejea cual negro plumerillo
Que limpia una vidriera.

El can lunófilo, en pauta de maitines,
Como una damisela ante su partitura,
Llora enterneciendo a los serafines
Con el primor de su infantil dentadura.

El tiburón que anda
Veinte nudos por hora tras de los paquebotes,
Pez voraz como un lord en Irlanda,
Saborea aún los precarios jigotes
De aquel rumiante de barcarolas,
Que una noche de caviar y cerveza,
Cayó lógicamente de cabeza
Al compás del valse «Sobre las Olas».
La Luna, en el mar pronto desierto,
Amortajó en su sábana inconsútil al muerto,
Que con pirueta coja
Hundió su excéntrico descalabro,
Como un ludión un poco macabro,
Sin dar a la hidrostática ninguna paradoja.

En la gracia declinante de tu disco
Bajas acompañada por el lucero
Hacia no sé qué conjetural aprisco,
Cual una oveja con su cordero.

Bajo tu rayo que osa
Hasta su tálamo de breña,
El león diseña
Con gesto merovingio su cara grandiosa.
Coros de leones
Saludan tu ecuatorial apogeo.
Coros que aun narran a los aquilones
Con quejas bárbaras la proeza de Orfeo.

Desde el soto de abedules,
El ruiseñor en su estrofa,
Con lírico delirio filosofa

La infinitud de los cielos azules.
Todo el billón de plata
De la Luna, enriquece su serenata;
Las selvas del Paraíso
Se desgajan en coronas,
Y surgen en la atmósfera de nacarado viso
Donde flota un Beethoven indeciso—
Terueles y Veronas...

El tigre en el ramaje atenúa
Su terciopelo negro y gualdo
Y su mirada hipócrita como una ganzúa;
El búho con sus ojos de caldo;
Los lobos de agudos rostros judiciales,
La democracia de los chacales—
Clientes son de tu luz serena.
Y no es justo olvidar a la oblicua hiena.

Los viajeros,
Que en contrabando de balsámicas valijas
Llegan de los imperios extranjeros,
Certificando latitudes con sus sortijas
Y su tez de tabaco o de aceituna,
Qué bien cuentan en sus convincentes rodillas,
Aquellas maravillas
De elefantes budistas que adoran a la Luna.

Paseando su estirpe obesa
Entre brezos extraños,
Mensuran la dehesa
Con sonámbulo andar los rebaños.

Crepitan con sonoro desasosiego
Las cigarras que tuesta el Amor en su fuego.

Las crasas ocas,
Regocijo de la granja,
Al borde de su zanja
Gritan como colegialas locas
Que ven pasar un hombre malo...
Y su anárquico laberinto,
Anuncia al Senado extinto
El ancestral espanto galo.

Luna elegante en el nocturno balcón del Este;
Luna de azúcar en la taza de luz celeste;
Luna heráldica en campo de azur o de sinople—
Yo seré el novel paladín que acople
En tu tabla de expectación,
Las lises y quimeras de su blasón.

La joven que aguarda una cita, con mudo
Fervor, en que hay bizcos agüeros, te implora;
Y si no llora,
Es porque sus polvos no se le hagan engrudo.
Aunque el estricto canesú es buen escudo,
Desde que el novio no trepará la reja,
Su timidez de corza
Se complugo en poner bien pareja
La más íntima alforza.
Con sus ruedos apenas se atreve la brisa.
Ni el Ángel de la Guarda conoce su camisa.
Y su batón de ceremonia

Cae en pliegues tan dóricos, que amonesta
Con una austeridad lacedemonia.

Ella que tan zumbona y apuesta,
Con malicias que más bien son recatos,
Luce al Sol popular de los días de fiesta
El charol de sus ojos y sus zapatos;
Bajo aquel ambiguo cielo
Se abisma casi extática,
En la diafanidad demasiado aromática
De su pañuelo.

Pobre niña, víctima de la felona noche,
¡De qué le sirvió tanto pundonoroso broche!

Mientras padece en su erótico crucifijo
Hasta las heces el amor humano,
Ahoga su ¡ay! soprano
Un gallo anacrónico del distante cortijo.

En tanto, mi atención perseverante
Como un camino real, persigue, oh Luna,
Tu teorema importante.
Y en metáfora oportuna
Eres el ebúrneo mingo,
Que busca por el cielo, mi billar del Domingo,
No sé qué carambolas de esplín y de fortuna.

Solloza el mudo de la aldea,
Y una rana burbujea
Cristalinamente en su laguna.

Para llegar a tu gélida alcoba
En mi Pegaso de alas incompletas,
Me sirvieron de estafetas
Las brujas con sus palos de escoba.

A través de páramos sin ventura,
Paseas tu porosa estructura
De hueso fósil, y tus poros son mares
Que en la aridez de sus riberas,
Parecen maxilares
De calaveras.

Deleznada por siglos de intemperie, tu roca
Se desintegra en bloques de tapioca.
Bajo los fuegos ustorios
Del Sol que te martiriza,
Sofocados en desolada ceniza,
Playas de celuloide son tus territorios.

Vigilan tu soledad
Montes cuyo vértigo es la eternidad.

El color muere en tu absoluto albinismo;
Y a pesar de la interna carcoma
Que socava en tu seno un abismo,
Todo es en ti inmóvil como un axioma.

El residuo alcalino
De tu aire, en que un cometa
Entró como un fósforo en una probeta
De alcohol superfino;
Carámbanos de azogue en absurdo aplomo;

Vidrios sempiternos, llagas de bromo;
Silencio inexpugnable;
Y como paradójica dendrita,
La huella de un prehistórico selenita
En un puñado de yeso estable.

Mas, ya dejan de estregar los grillos
Sus agrios esmeriles,
Y suena en los pensiles
La cristalería de los pajarillos.

Y la Luna que en su halo de ópalo se engarza,
Bajo una batería de telescopios,
Como una garza
Que escopetean cazadores impropios,
Cae al mar de cabeza
Entre su plumazón de reflejos;
Pero tan lejos,
Que no cobrarán la pieza.

Al jorobado[17]

Sabio jorobado, pide a la taberna,
Comadre del diablo, su teta de loba.
El vino te enciende como una linterna
Y en *turris eburnea* trueca tu joroba,
Porque de nodriza tuviste una loba
Como los gemelos de Roma la Eterna.

Sabio jorobado, tu pálida mueca
Tiene óxidos de odio como los puñales,
Y los dados sueltos de tu risa seca
Con los cascabeles disuenan rivales.
Tu risa amenaza como los puñales,
Como un moribundo se tuerce tu mueca.

Sabio jorobado, la pálida estrella
Que tú enamorabas desde una cornisa,
Como blanca novia, como astral doncella,
Del balcón del cielo cuelga su camisa.
Un gato me ha dicho desde la cornisa,
Sabio jorobado, que duermes con ella.

Demanda a la Luna tu disfraz de boda
Y en íntimo lance finge a Pulcinela.
Pulula en el río tanta lentejuela
Para esos brocatos a la última moda,
Que en su fondo debes celebrar tu boda
Tal como un lunólogo *dandy* a la alta escuela.

---

17 Lunario sentimental, 1909, pág. 62. (N. del E.)

Plegaría de carnaval[18]

¡Oh Luna que diriges como *sportwoman* sabia
Por zodíacos y eclípticas tu lindo cabriolé:
Bajo la ardiente seda de tu cielo de Arabia
Oh Luna, buena Luna, quién fuera tu Josué!

Sin cesar encantara tu blancura mi tienda,
Con desnudez tan noble que la agraviara el tul;
O extasiado en un pálido antaño de leyenda
Tu integridad de novia perpetuara el azul.

Luna de los ensueños, sobre la tarde lila
Tu oro viejo difunde morosa enfermedad,
Cuando en un solitario confín de mar tran-
quila,
Sondeas como lúgubre garza la eternidad.

En tu mística nieve baña sus pies María
Tu disco reproduce la mueca de Arlequín,
Crimen y amor componen la hez de tu poesía
Embriagadora y pálida como el vino del Rin.

Y toda esta alta fama con que elogiando vengo
Tu faz sietemesina de bebé en alcohol,
Los siglos te la cuentan como ilustre abolengo,
Porque tú eres, oh Luna, la máscara del Sol.

---

18 Lunario sentimental, 1909, pág. 63. (N. del E.)

La última careta[19]

La miseria se ríe. Con sórdida chuleta,
Su perro lazarillo le regala un festín.
En sus funambulescos calzones va un poeta,
Y en su casaca el huérfano que tiene por
Delfín.

El hambre es su pandero, la Luna su peseta
Y el tango vagabundo su padre nuestro. Crin
De león, la corona. Su baldada escopeta
De lansquenete impávido suda un fogoso hollín.

Va en dominó de harapos, zumba su copla irónica.
Por antifaz le presta su lienzo la Verónica.
Su cuerpo, de llagado, parece un huerto en flor.

Y bajo la ignominia de tan siniestra cáscara,
Cristo enseña a la noche su formidable máscara
De cabellos terribles, de sangre y de pavor.

---

19 Lunario sentimental, 1909, pág. 67. (N. del E.)

Divagación lunar[20]

Si tengo la fortuna
De que con tu alma mi dolor se integre,
Te diré entre melancólico y alegre
Las singulares cosas de la Luna.

Mientras el menguante exiguo
A cuyo noble encanto ayer amaste
Aumenta su desgaste
De sequín antiguo,
Quiero mezclar a tu champaña,
Como un buen astrónomo teórico,
Su luz, en sensación extraña
De jarabe hidroclórico.
Y cuando te envenene
La pálida mixtura,
Como a cualquier romántica Eloísa o Irene,
Tu espíritu de amable criatura
Buscará una secreta higiene
En la pureza de mi desventura.

Amarilla y flacucha,
La Luna cruza el azul pleno,
Como una trucha
Por un estanque sereno.
Y su luz ligera,
Indefiniendo asaz tristes arcanos,
Pone una mortuoria traslucidez de cera
En la gemela nieve de tus manos.

20 Lunario sentimental, 1909, pág. 75. (N. del E.)

Cuando aún no estaba la Luna, y afuera
Como un corazón poético y sombrío
Palpitaba el cielo de primavera,
La noche, sin ti, no era
Más que un oscuro frío.
Perdida toda forma, entre tanta
Oscuridad, era solo un aroma;
Y el arrullo amoroso ponía en tu garganta
Una ronca dulzura de paloma.
En una puerilidad de tactos quedos,
La mirada perdida en una estrella,
Me extravié en el roce de tus dedos.
Tu virtud fulminaba como una centella...
Mas el conjuro de los ruegos vanos
Te llevó al lance dulcemente inicuo,
Y el coraje se te fue por las manos
Como un poco de agua por un mármol
oblicuo.

La Luna fraternal, con su secreta
Intimidad de encanto femenino,
Al definirte hermosa te ha vuelto coqueta,
Sutiliza tus maneras un complicado tino;
En la lunar presencia,
No hay ya ósculo que el labio al labio suelde;
Y solo tu seno de audaz incipiencia,
Con generosidad rebelde,
Continúa el ritmo de la dulce violencia.

Entre un recuerdo de Suiza
Y la anécdota de un oportuno primo,

Tu crueldad virginal se sutiliza;
Y con sumisión postiza
Te acurrucas en pérfido mimo,
Como un gato que se hace una bola
En la cabal redondez de su cola.
Es tu ilusión suprema
De joven soñadora,
Ser la joven mora
De un antiguo poema.
La joven cautiva que llora
Llena de Luna, de amor y de sistema.

La Luna enemiga
Que te sugiere tanta mala cosa,
Y de mi brazo cordial te desliga,
Pone un detalle trágico en tu intriga
De pequeño mamífero rosa.
Mas, al amoroso reclamo
De la tentación, en tu jardín alerta,
Tu grácil juventud despierta
Golosa de caricia y de *Yoteamo*.
En el albaricoque
Un tanto marchito de tu mejilla,
Pone el amor un leve toque
De carmín, como una lucecilla.
Lucecilla que a medias con la Luna
Tu rostro excava en escultura inerte,
Y con sugestión oportuna
De pronto nos advierte
No sé qué próximo estrago,
Como el rizo anacrónico de un lago
Anuncia a veces el soplo de la muerte.

Lunofilia[21]

En la tarde suave y cálida,
Desde el diván carmesí,
Alzas fielmente hasta mí
Tus lentos ojos de pálida.

Con la espectral ilusión
De la hora que te importuna
Un vago pavor de Luna
Te acerca a mi corazón.

Por el cielo angelical
Se ahonda en místico ascenso
La soledad de un inmenso
Plenilunio inmaterial;

Que encantando los jardines
Viene casi lastimero,
Delirado en un ligero
Frenesí de violines.

En escena baladí,
Te infunde su poesía
Tan dulce melancolía,
Que quieres morir así.

Con el mimo de estar triste,
Buscas mi arrullo más blando,
Y te sorprendes llorando

---

21 Lunario sentimental, 1909, pág. 105. (N. del E.)

Lágrimas que no sentiste.

Pides, tan sola en la vida,
Diminutivos de infancia,
Y tu tímida constancia
Quiere ser compadecida.

Con alteración ardiente,
En tu insaciable interés
De preguntarme «quién es
Tu ...»[22] eternamente;

Quisieras huir conmigo
Hacia un país de quimera,
Donde no se conociera
La voz del mundo enemigo.

Algo eleva nuestro ser,
Y la calma de la Luna,
Nos embarga como una
Blanca nave... a no volver.

---

22 Aquí el lector debe poner el nombre amado. (N. del A.)

Luna maligna[23]

Con pérfido aparato
De amorosa fatiga,
Luce su oro en la intriga
Y en el ojo del gato.

Poetas, su recato
No pasa de su liga;
Evitad que os consiga
Su fácil celibato.

Su dulce Shakespeare canta
Su distinción de infanta;
Mas, cuando su alma aduna

Con Julieta infelice,
Swear not by the moon, dice:
«No juréis por la Luna» ...

---

23 Lunario sentimental, 1909, pág. 141. (N. del E.)

Luna de los amores[24]

Desde que el horizonte suburbano,
El plenilunio crepuscular destella,
En el desierto comedor, un lejano
Reflejo, que apenas insinúa su huella.
Hay una mesa grande y un anaquel mediano.
Un viejo reloj de espíritu luterano.
Una gota de Luna en una botella.
Y sobre el ébano sonoro del piano,
Resalta una clara doncella.

Arrojando al hastío de las cosas iguales
Su palabra bisílaba y abstrusa,
En lento brillo el péndulo, como una larga fusa,
Anota el silencio con tiempos inmemoriales.[25]

El piano está mudo, con una tecla hundida
Bajo un dedo inerte. El encerado nuevo
Huele a droga desvanecida.
La joven está pensando en la vida.
Por allá dentro, la criada bate un huevo.

Llena ahora de Luna y de discreta
Poesía, dijérase que esa joven brilla
En su corola de Cambray, fina y sencilla,
Como la flor del peral. ¡Pobre Enriqueta!

---

24 Lunario sentimental, 1909, pág. 163. (N. del E.)
25 En la edición de 1909 dice: «Anota el silencio con tiempos paradojales». (N. del E.)

La familia, en el otro aposento,
Manifiéstame, en tanto, una alarma furtiva.
Por el tenaz aislamiento
De esa primogénita delgada y pensativa.
«No prueba bocado. Antes le gustaba el jamón.»
«Reza mucho y se cree un cero a la izquierda.»
«A veces siente una puntada en el pulmón.»
—Algún amor, quizá, murmura mi cuerda
Opinión...

En la oscuridad, a tientas halla
Mi caricia habitual la cabeza del nene...
Hay una pausa.
            «Pero si aquí nadie viene
Fuera de usted», dice la madre. El padre calla.

El aire huele a fresia; de no sé qué espesuras
Viene, ya anacrónico, el gorjeo de un mirlo
Clarificado por silvestres ternuras.
La niña sigue inmóvil, y ¿por qué no decirlo?
Mi corazón se preña de lágrimas oscuras.

No; es inútil que alimente un dulce engaño;
Pues cuando la regaño
Por su lección de inglés, o cuando llévola
Al piano con mano benévola,
Su dócil sonrisa nada tiene de extraño.

«Mamá, ¿qué toco?», dice con su voz más llana;

«*Forget me not?...*», y lejos de toda idea injusta:
Buenamente añade: «Al señor Lugones le gusta».
Y me mira de frente delante de su hermana.

Sin idea alguna
De lo que pueda causar aquella congoja
—En cuya languidez parece que se deshoja—
Decidimos que tenga mal de Luna.
La hermana, una limpia, joven de batista,
Nos refiere una cosa que le ha dicho.
A veces querría ser, por capricho,
La larga damisela de un cartel modernista
Eso es todo lo que ella sabe; pero eso
Es poca cosa
Para un diagnóstico sentimental. ¡Escabrosa
Cuestión la de estas almas en trance de beso!
Pues el «mal de Luna», como dije más arriba,
No es sino el dolor de amar, sin ser amada.
Lo indefinible: una Inmaculada
Concepción, de la pena más cruel que se conciba.

La Luna, abollada
Como el fondo de una cacerola
Enlozada.
Visiblemente turba a la joven sola.
Al hechizo pálido que le insufla,
Lentamente gira el giratorio banco;
Y mientras el virginal ruedo blanco
Se crispa sobre el moño rosa de la pantufla.

Rodeando la rodilla con sus manos, unidas
Como dos palomas en un beso embebecidas,
Con actitud que consagra
Un ideal quizá algo fotográfico,
La joven tiende su cuello seráfico
En un noble arcaísmo de Tanagra.

Conozco esa mirada que ahora
Remonta al ensueño mis humanas miserias.
Es la de algunas veladas dulces y serias
En que un grato silencio de amistad nos mejora.
Una pura mirada,
Suspensa de hito en hito.
Entre su costura inacabada
Y el infinito...

A Buenos Aires[26]

Primogénita ilustre del Plata,
En solar apertura hacia el Este.
Donde atado a tu cinta celeste
Va el gran río color de león;
Bella sangre de prósperas razas
Esclarece tu altivo salvaje
Pinta su nombre sazón.

Arca fuerte de nuestra esperanza.
Fuste insigne de nuestro derecho.
Como el bronce leal sobre el pecho
Asegura al país tu honra fiel.
La genial Libertad, en tu cielo
Fino manto a la patria blasona,
Y eres tú quien le porta en corona
El decoro natal del laurel.

En tu frente, magnífica torre
De la estirpe, tranquila campea
Como amable paloma la idea
De ser grata a los hombres de paz.
Tu esperanza la impulsa y parece
Cuando así su remonte acaudalas.
Que de cielo le empluma las alas
Aquel soplo pujante y audaz.

Joya humana del mundo dichoso
Que te exalta a su bien venidero.

---

26 Odas seculares, 1910, pág. 115. (N. del E.)

Como el alba anticipa al lucero
Aun dormida en su pálido tul,
Cada vez que otro día dorado
Te aproxima a la nueva ventura.
Se diría que el Sol te inaugura
Sobre abismos más hondos de azul.

Certidumbre de días mejores
La igualdad de los hombres te inicia
En un vasto esplendor de justicia
Sin iglesia, sin sable y sin ley.
Gajo vil de ignorancia y miseria
Todavía espinando retoña
Sobre la áspera Cruz de Borgoña
Que trozaste en los tiempos del rey.

Tenga el agua veraz de tu fuente
Cada labio sin sed por testigo,
Y el honesto vigor de tu trigo
Cada buen corazón por raíz.
Y en el lícito patio de todos,
Al encanto social de tu alianza,
Como el gusto del pan la confianza
Sea el goce del día feliz.

Simpatiza a los dioses que trae
Con sus penas la gente confiada,
Como al pobre que llega, en la grada
Presta el mármol su tabla imparcial.
Y tu clara ilusión de concordia,
Dirimiendo los cultos precarios,
Sustituya a sus negros Calvarios

Una gran caridad de ideal.

Ser la *Villa de Plata* que tiene
La franqueza por llave sonora
Y por puerta de calle la aurora,
En visión de solícito Edén;
Dar a todos los tristes consuelo,
Sin dejar de ser noble y ser bella,
Como no se aminora la estrella
Porque haya ojos que amantes la ven;

Esa es la misión que el destino
En la patria futura te asigna,
Como ayer por valiente y por digna
Fue la gloria tu prenda de honor.
Para ser la feliz y la justa,
Que tu propia esperanza nos debe,
Haz que sean el amo y la plebe
Mies pareja de buen sembrador.

Que en la misma igualdad de justicia
Se confundan la plebe y el amo,
Cual la flor y la espina en el ramo
Que vincula olorosa virtud.
Lo que pena en tu siglo naciente,
Es dichoso dolor, ansia tierna,
Con que la honda delicia materna
Fructifica en triunfal juventud.

No relegues por vana quimera
La esperanza que en ti puso el triste.
Es más arduo ser libre y lo fuiste

Al tajar de la espada veloz.
Tu labor de ideal odia al hierro,
Mas no olvide su noble fatiga,
Que el lozano vigor de la espiga
Necesita buen filo en la hoz.

Mientras llega a ese triunfo la hora
De cantarlo el poeta futuro,
Y el capuz de su germen oscuro
Tu simiente de luz rompe al fin;
Cobre el timbre filial de mi canto,
Precedente elocuencia en tus bronces,
Y el Pampero le preste hasta entonces
Valeroso y ufano clarín.

A los gauchos[27]

Raza valerosa y dura
Que con pujanza silvestre
Dio a la patria en garbo ecuestre
Su primitiva escultura.
Una terrible ventura
Va a su sacrificio unida,
Como despliega la herida
Que al toro desfonda el cuello,
En el raudal del degüello
La bandera de la vida.

Es que la fiel voluntad
Que al torvo destino alegra,
Funde en vino la uva negra
De la dura adversidad.
Y en punto de libertad
No hay satisfacción más neta,
Que medírsela completa
Entre riesgo y corazón,
Con tres cuartas de facón
Y cuatro pies de cuarteta.

En la hora del gran dolor
Que a la historia nos paría,
Así como el bien del día
Trova el pájaro cantor,
La copla del payador
Anunció el amanecer,

---

27 Odas seculares, 1910, pág. 137. (N. del E.)

Y en el fresco rosicler
Que pintaba el primer rayo,
El lindo gaucho de Mayo
Partió para no volver.

Así salió a rodar tierra
Contra el viejo vilipendio,
Enarbolando el incendio
Como estandarte de guerra.
Mar y cielo, pampa y sierra,
Su galope al sueño arranca,
Y bien sentada en el anca
Que por las cuestas se empina
Le sonríe su *Argentina*
Linda y fresca, azul y blanca.

Desde Suipacha a Ayacucho
Se agotó en el gran trabajo,
Como el agua cuesta abajo
Por haber corrido mucho;
Mas siempre garboso y ducho
Aligeró todo mal,
Con la gracia natural
Que en la más negra injusticia
Salpicaba su malicia
Clara y fácil como un real.

Luego al amor del caudillo
Siguió muriendo admirable,
Con el patriótico sable
Ya rebajado a cuchillo;
Pensando, alegre y sencillo,

Que en cualesquiera ocasión,
Desde que cae al montón
Hasta el día en que se acaba,
Pinta el culo de la taba
La existencia del varón.

Su poesía es la temprana
Gloria del verdor campero
Donde un relincho ligero
Regocija la mañana.
Y la morocha lozana
De sediciosa cadera,
En cuya humilde pollera,
Primicias de juventud
Nos insinuó la inquietud
De la loca primavera.

Su recuerdo, vago lloro
De guitarra sorda y vieja,
La patria no apareja
Preocupación ni desdoro.
De lo bien que guarda el oro,
El guijarro es argumento;
Y desde que el pavimento
Con su nivel sobrepasa,
Va sepultando la casa
Las piedras de su cimiento.

Paseo sentimental[28]

Íbamos por el pálido sendero
Hacia aquella quimérica comarca,
Donde la tarde, al rayo del lucero,
Se pierde en la extensión como una barca.

Deshojaba tu amor su blanca rosa
En la melancolía de la estrella,
Cuya luz palpitaba temerosa
Como la desnudez de una doncella.

El paisaje gozaba su reposo
En frescura de acequia y de albahaca
Retardando su andar, ya misterioso,
Lenta y oscura atravesó la vaca.

La feliz soledad de la pradera
Te abandonaba en égloga exquisita
Y el vibrante silencio solo era
La pausa de una música infinita.

Púsose la romántica laguna
Sombríamente azul, más que de cielo,
De serenidad grave, como una
Larga quejumbre de *violoncello*,

La ilusión se aclaró con indecisa
Debilidad de tarde en tu mirada,
Y blandamente perfumó la brisa,

---

28 El libro fiel, 1912, pág. 8. (N. del E.)

Como una cabellera desatada.

La emoción del amor que con su angustia
De dulce enfermedad nos desacerba,
Era el silencio de la tarde mustia
Y la piedad humilde de la hierba.

Humildad olorosa y solitaria
Que hacia el lívido ocaso decaía,
Cual si la tierra en lúgubre plegaria,
Se postrase ante el cielo en agonía.

Al sentir más cordial tu brazo tierno,
Te murmuré, besándote en la frente,
Esas palabras de lenguaje eterno,
Que hacen cerrar los ojos dulcemente.

Tus labios, en callada sutileza,
Rimaron con los míos ese idioma,
Y así, en mi barba de leal rudeza,
Fuiste la salomónica paloma.

Ante la demisión de aquella calma
Que tantos desvaríos encapricha,
Sentí en el beso estremecerse tu alma,
Al borde del abismo de la dicha.

Mas en la misma atónita imprudencia
De aquel frágil temblor de porcelana,
A mi altivez confiaste tu inocencia
Con una fiel seguridad de hermana.

Y de mi propio triunfo prisionero,
Me ennobleció la legendaria intriga
Que sufre tanto aciago caballero
Portante el mal de rigorosa amiga.

Sonaba aquel cantar de los rediles
Tan dulce que parece que te nombra,
Y florecía estrellas pastoriles
El inmenso ramaje de la sombra.

La noche armonizábase oportuna
Con la emoción del cántico errabundo,
Y la voz religiosa de la Luna
Iba encantando suavemente al mundo.

Sol del ensueño, a cuya magia blanca,
Conservas, perpetuado por mi afecto,
El azahar que inmarcesible arranca
La novia eterna del amor perfecto.

Tonada montañesa que atestigua
Una quejosa intimidad de amores,
Apalabrando con su letra antigua
«*El dulce lamentar de dos pastores*».

Y vino el llanto a tu alma taciturna,
En esa plenitud de amor sombrío
Con que deja correr la flor nocturna
Su venturoso exceso de rocío;
Pues, ¡quién no sentirá la paz agreste
Desvanecida de tristeza, cuando
Un plenilunio lánguido y celeste

Cifre el idilio en que se muere amando!

Bajo esa calma en que el deseo abdica,
Yo fui aquel que asombró a la desventura,
Ilustre de dolor como el pelícano
En la fiera embriaguez de su amargura.

Así purificados de infortunio,
En ilusión de cándida novela,
Bogamos el divino plenilunio
Como debajo de una blanca vela.

Íbamos por el pálido camino
Hacia aquella quimérica comarca,
Donde la Luna, al dejo vespertino,
Vuelve de la extensión como una barca.

Y ante el favor sin par de la fortuna
Que te entregaba a mi pasión rendida,
Con qué desgaire comulgué en la Luna
La rueda de molino de la vida.

Difluía a lo lejos la inconclusa
Flauta del agua, musical delirio;
Y en él embebecida mi alma ilusa,
Fue simple como el asno y como el lirio.

Sonora noche, en que como un cordaje
La sombra azul nos dio su melodía.
Claro de Luna que al nupcial viaje,
Alas de cisne en su blancura abría...

Aunque la verdad grave de la pena
Bien sé que pronto los ensueños trunca,
Cada vez que te beso me enajena
La ilusión de que no hemos vuelto nunca.

Porque esa dulce ausencia sin regreso,
Y ese embeleso en victorioso alarde,
Glorificaban el favor de un beso,
Una tarde de amor... Como esa tarde...

Nocturno[29]

I
Grave fue nuestro amor; y más callada
Aquella noche frescamente umbría,
Polvorosa de estrellas se ponía
Cual la profundidad de una cascada.

Con la íntima dulzura del suceso
Que abandonó a mis labios tus sonrojos,
Delirados de sombra vi tus ojos
En la embebida asiduidad del beso.

Y lo que en ellos se asomó a mi vida,
Fue tu alma, hermana de mi desventura.
Avecilla poética y oscura
Que aleteaba en tus párpados rendida.

II
Claro fue nuestro amor; y al fresco halago
Plenilunar, con música indecisa,
El arco vagaroso de la brisa
Trémulas cuerdas despertó en el lago.

En la evidencia de sin par fortuna,
Dieron senda de luz a mis afanes
Tus ojos de pasión, ojos sultanes,
Ojos que amaban húmedos de Luna.

Con dorado de joya nunca vista,

---

29 El libro fiel, 1912, pág. 45. (N. del E.)

Tu mirada agravaba su desmayo.
Y removía su ascua en aquel rayo
La inquietud de león de mi conquista.

La blanca soledad[30]

Bajo la calma del sueño,
Calma lunar de luminosa seda,
La noche
Como si fuera
El blanco cuerpo del silencio,
Dulcemente en la inmensidad se acuesta.
Y desata
Su cabellera,
En prodigioso follaje
De alamedas.

Nada vive sino el ojo
Del reloj en la torre tétrica,
Profundizando inútilmente el infinito
Como un agujero abierto en la arena.
El infinito,
Rodado por las ruedas
De los relojes,
Como un carro que nunca llega.

La Luna cava un blanco abismo
De quietud, en cuya cuenca
Las cosas son cadáveres
Y las sombras viven como ideas.
Y uno se pasma de lo próxima
Que está la muerte en la blancura aquella.
De lo bello que es el mundo
Poseído por la antigüedad de la Luna llena.

---

30 El libro fiel, 1912, pág, 51. (N. del E.)

Y el ansia tristísima de ser amado,
En el corazón doloroso tiembla.

Hay una ciudad en el aire,
Una ciudad casi invisible suspensa,
Cuyos vagos perfiles
Sobre la clara noche transparentan,
Como las rayas de agua en un pliego,
Su cristalización poliédrica.
Una ciudad tan lejana,
Que angustia con su absurda presencia.

¿Es una ciudad o un buque
En el que fuésemos abandonando la tierra,
Callados y felices,
Y con tal pureza,
Que solo nuestras almas
En la blancura plenilunar vivieran?...

Y de pronto cruza un vago
Estremecimiento por la luz serena.
Las líneas se desvanecen,
La inmensidad cámbiase en blanca piedra
Y solo permanece en la noche aciaga
La certidumbre de tu ausencia.

El canto de la angustia[31]

Yo andaba solo y callado
Porque tú te hallabas lejos;
Y aquella noche
Te estaba escribiendo,
Cuando por la casa desolada
Arrastró el horror su trapo siniestro.

Brotó la idea, ciertamente,
De los sombríos objetos:
El piano,
El tintero,
La borra de café en la taza,
Y mi traje negro.

Sutil como las alas del perfume
Vino tu recuerdo.
Tus ojos de joven cordial y triste,
Tus cabellos,
Como un largo y suave pájaro
De silencio.
(Los cabellos que resisten a la muerte
Con la vida de la seda, en tanto misterio.)
Tu boca donde suspira
La sombra interior habitada por los sueños.
Tu garganta,
Donde veo
Palpitar como un sollozo de sangre,
La lenta vida en que te meces durmiendo.

---

31 El libro fiel, 1912, pág. 54. (N. del E.)

Un vientecillo desolado,
Más que soplar, tiritaba en soplo ligero.
Y entre tanto,
El silencio,
Como una blanda y suspirante lluvia
Caía lento.

Caía de la inmensidad,
Inmemorial y eterno.
Adivinábase afuera
Un cielo,
Peor que oscuro:
Un angustioso cielo ceniciento.

Y de pronto, desde la puerta cerrada
Me dio en la nuca un soplo trémulo.
Y conocí que era la cosa mala
De las cosas solas, y miré el blanco techo,
Diciéndome: «Es una absurda
Superstición, un ridículo miedo.»
Y miré la pared impávida.
Y noté que afuera había parado el viento.

Oh aquel desamparo exterior y enorme
Del silencio.
Aquel egoísmo de puertas cerradas
Que sentía en todo el pueblo.
Solamente no me atrevía
A mirar hacia atrás,
Aunque estaba cierto
De que no había nadie; pero nunca

Oh, nunca habría mirado de miedo.
Del miedo horroroso
De quedarme muerto.

Poco a poco, en vegetante
Pululación de escalofrío eléctrico,
Erizáronse en mi cabeza
Los cabellos.
Uno a uno los sentía,
Y aquella vida extraña era otro tormento.

Y contemplaba mis manos
Sobre la mesa, qué extraordinarios miembros;
Mis manos tan pálidas,
Manos de muerto.
Y noté que no sentía
Mi corazón desde hacía mucho tiempo.
Y sentí que te perdía para siempre,
Con la horrible certidumbre de estar despierto.
Y grité tu nombre
Con un grito interno,
Con una voz extraña
Que no era la mía y que estaba muy lejos.
Y entonces, en aquel grito,
Sentí que mi corazón muy adentro,
Como un racimo de lágrimas,
Se deshacía en un llanto benéfico.
Y que era dolor de tu ausencia
Lo que había soñado despierto.

Historia de mi muerte[32]

Soñé la muerte y era muy sencillo:
Una hebra de seda me envolvía,
Y a cada beso tuyo
Con una vuelta menos me ceñía.
Y cada beso tuyo
Era un día;
Y el tiempo que mediaba entre dos besos
Una noche. La muerte es muy sencilla.

Y poco a poco fue desenvolviéndose
La hebra fatal. Ya no la retenía
Sino por un solo cabo entre los dedos...
Cuando de pronto te pusiste fría,
Y ya no me besaste...
Y solté el cabo, y se me fue la vida.

---

32 El libro fiel, 1912, pág. 70. (N. del E.)

A ti, única[33]

(Quinteto de la Luna y el Mar)

Piano   Un poco de cielo y un poco de lago
Donde pesca estrellas el grácil bambú,
Y al fondo del parque, como íntimo halago,
La noche que mira como miras tú.

Florece en los lirios de tu poesía
La cándida Luna que sale del mar,
Y en flébil de azul melodía,
Te infunde una vaga congoja de amar.

Los dulces suspiros que tu alma perfuman
Te dan, como a ella, celeste ascensión,
La noche..., tus ojos..., un poco de Schuman...
Y mis manos llenas de tu corazón.

Primer
violín   Largamente, hasta tu pie
Se azula el mar ya desierto,
Y la Luna es de oro muerto
En la tarde rosa té.

Al soslayo de la duna
Recio el gigante trabaja,
Susurrándote en voz baja
Los ensueños de la Luna.

---

33 El libro de los paisajes, 1917, pág. 44. (N. del E.)

           Y en la lenta palpitación,
           Más grave ya con la sombra,
           Viene a tenderte la alfombra
           Su melena de león.

Segundo
violín   La Luna te desampara
           Y hunde en el confín remoto
           Su punto de huevo roto
           Que vierte en el mar su clara.

           Medianoche van a dar,
           Y al gemido de la ola,
           Te angustias, trémula y sola,
           Entre mi alma y el mar.

Contrabajo
           Dulce Luna del mar que alargas la hora
           De los sueños del amor; plácida perla
           Que el corazón en lágrimas atesora
           Y no quiere llorar por no perderla.

           Así el fiel corazón se queda grave,
           Y por eso el amor, áspero o blando,
           Trae un deseo de llorar, tan suave,
           Que solo amarás bien si amas llorando.

Violonchelo
           Divina calma del mar
           Donde la Luna dilata
           Largo reguero de plata
           Que induce a peregrinar.

En la pureza infinita
En que se ha abismado el cielo,
Un ilusorio pañuelo
Tus adioses solicita.

Y ante la excelsa quietud,
Cuando en mis brazos te estrecho
Es tu alma, sobre mi pecho,
Melancólico laúd.

El nido ausente[34]

Solo ha quedado en la rama
Un poco de paja mustia,
Y, en la arboleda la angustia
De un pájaro fiel que llama.

Cielo arriba y senda abajo,
No halla tregua a su dolor,
Y se para en cada gajo
Preguntando por su amor.

Ya remonta con su queja,
Ya pía por el camino
Donde deja en el espino
Su blanda lana la oveja.

Pobre pájaro afligido
Que solo sabe cantar
Y cantando llora el nido
Que ya nunca ha de encontrar.

---

34 El libro de los paisajes, 1917, pág. 68. (N. del E.)

Salmo pluvial[35]

Tormenta:
Érase una caverna de agua sombría el cielo;
El trueno, a la distancia, rodaba su peñón;
Y una remota brisa de conturbado vuelo,
Se acidulaba en tenue frescura de limón.

Como caliente polen exhaló el campo seco
Un relente de trébol lo que empezó a llover.
Bajo la lenta sombra, colgada en denso fleco,
Se vio el cardal con vívidos azules florecer.

Una fulmínea verga rompió el aire al soslayo;
Sobre la tierra atónita cruzó un pavor mortal;
Y el firmamento entero se derrumbó en un rayo,
Como un inmenso techo de hierro y de cristal.

Lluvia:
Y un mimbreral vibrante fue el chubasco resuelto
Que plantaba sus líquidas varillas al trasluz,
O en pajonales de agua se espesaba revuelto,
Descerrajando al paso su pródigo arcabuz.

Saltó la alegre lluvia por taludes y cauces;
Descolgó del tejado sonoro caracol;
Y luego, allá a lo lejos, se desnudó en los sauces.

[35] El libro de los paisajes, 1917, pág. 69. (N. del E.)

Transparente y dorada bajo un rayo de Sol.

Calma:
Delicias de los árboles que abrevó el aguacero.
Delicia de los gárrulos raudales en desliz.
Cristalina delicia del trino del jilguero.
Delicia serenísima de la tarde feliz.

Plenitud:
El cerro azul estaba fragante de romero,
Y en los profundos campos silbaba la perdiz.

La tarde clara[36]

En el jagüel, más trémulo, la rana
Repercute sus teclas cristalinas.
La noche, por detrás de las colinas,
Su ala de torvo azul tiende cercana.
No acaban de decir «hasta mañana»,
Locas de inmensidad las golondrinas.

---

36 El libro de los paisajes, 1917, pág. 89. (N. del E.)

La noche pura[37]

Floreció, con la lluvia, en los jardines,
El cándido jazmín de primavera.
La noche, cual profunda enredadera,
Cuaja también en luz claros jazmines.

---

[37] El libro de los paisajes, 1917, pág. 90. (N. del E.)

La cachila[38]

Un gemidito titila.
Por el aire, donde, en vilo,
Como colgada de un hilo
Va subiendo la cachila.

Allá cerca ha hecho su nido,
De la huella que en el barro
Deja la mula del carro
Al pasar cuando ha llovido.

Y así el pajarillo blando,
Entre el riesgo y el estruendo,
Vive volando y gimiendo,
Muere gimiendo y volando.

---

38 El libro de los paisajes, 1917, pág. 113. (N. del E.)

El martín pescador[39]

Sobre el remanso azul, agudo acecha
Desde un lánguido gajo del sauzal,
En inminente inclinación de flecha,
La lentitud profunda del caudal.

Oro de Sol en la corriente boya...
Y destellando un súbito arrebol,
Identifica el pájaro en su joya,
Sauce verde, agua azul, y oro de Sol...

---

39 El libro de los paisajes, 1917, pág. 120. (N. del E.)

La garza[40]

En su abstracto candor, el tiempo vano
Inmoviliza eterno, hondo, distante,
La soledad oscura del pantano
Y una línea de tiza interrogante ...

---

40 El libro de los paisajes, 1917, pág. 121. (N. del E.)

La torcaz[41]

El pleno Sol goza enhiesta
Sobre un seco y alto tronco.
Desgrana en su arrullo ronco
Su áurea mazorca la siesta.

El follaje, más umbrío,
Le ofrece en vano su toldo,
Y en palpitante rescoldo
Mulle su pluma el estío.

41 El libro de los paisajes, 1917, pág. 131. (N. del E.)

El picaflor[42]

Run... dun, run... dun... Y al tremolar sonoro
Del vuelo audaz y como un dardo, intenso,
Surgió de pronto, ante una flor suspenso,
En vibrante ascua de esmeralda y oro.

Fue color... luz... color... A un brusco giro,
Un haz de Sol lo arrebató al soslayo;
Y al desaparecer con aquel rayo,
Su ascua fugaz carbonizó en zafiro.

---

42 El libro de los paisajes, 1917, pág. 138. (N. del E.)

El hornero[43]

La casita del hornero
Tiene alcoba y tiene sala.
En la alcoba la hembra instala
Justamente el nido entero.

En la sala, muy orondo,
El padre guarda la puerta,
Con su camisa entreabierta
Sobre su buche redondo.

Lleva siempre un poco viejo
Su traje aseado y sencillo,
Que, con tanto hacer ladrillo,
Se le habrá puesto bermejo.

Elige como un artista
El gajo de un sauce añoso,
O en el poste rumoroso
Se vuelve telegrafista.

Allá, si el barro está blando,
Canta su gozo sincero.
Yo quisiera ser hornero
Y hacer mi choza cantando.

Así le sale bien todo,
Y así, en su honrado desvelo,
Trabaja mirando al cielo

43 El libro de los paisajes, 1917, pág. 139. (N. del E.)

En el agua de su lodo.

Por fuera la construcción,
Como una cabeza crece,
Mientras, por dentro, parece
Un tosco y buen corazón.

Pues como su casa es centro
De todo amor y destreza,
La saca de su cabeza
Y el corazón pone adentro.

La trabaja en paja y barro,
Lindamente la trabaja,
Que en el barro y en la paja
Es arquitecto bizarro.

La casita del hornero
Tiene sala y tiene alcoba,
Y aunque en ella no hay escoba,
Limpia está con todo esmero.

Concluyó el hornero el horno,
Y con el último toque,
Le deja áspero el revoque
Contra el frío y el bochorno.

Ya explora al vuelo el circuito,
Ya, cobre la tierra lisa,
Con tal fuerza y garbo pisa,
Que parece un martillito.

La choza se orea, en tanto,
Esperando a su señora,
Que elegante y avizora,
Llena su humildad de encanto.

Y cuando acaba, jovial,
De arreglarla a su deseo,
Le pone con un gorjeo
Su vajilla de cristal.

Estampas japonesas[44]

A la única

Cuatro bellezas tiene el año,
Cuatro bellezas como tú,
Que me enumera el bonzo extraño
Con su puntero de bambú.

Es la primera, al desperezo
De un amor todavía leve,
La temprana flor del cerezo
Que se mezcla a la última nieve.

La segunda es el Sol del estío,
Que en el kaki de fuego y miel,
Pinta al amante desvarío
La mordedura dulce y cruel.

Cuando el amor se acendra en lloro
Y el otoño agobia la rama,
La tercera es la Luna de oro
Sobre el lejano Fuziyama.

Y la belleza del invierno
Es el frío, el frío sutil
Que refugia en mi pecho tierno
Tus lentas manos de marfil.

Mas se equivoca el bonzo extraño
Con su doctrina y su bambú.

---

44 Las horas doradas, 1922, pág. 41. (N. del E.)

Cuatro bellezas tiene el año,
Pero ninguna como tú.

Balada del fino amor[45]

«Voi che sapete ragionar d'amore,
Udite la ballata mia pietosa.»
Dante, *Vita nuova*, ballata IV

I
Bajo el remoto azul de un cielo en calma,
Y al susurrar de la alameda umbría,
Para tu elogio he de contar un día
Cómo fue que el amor nos llegó al alma.

Cómo fue... ¿Pero acaso, no es sabido
El modo de venir que tiene el ave,
Cuando recobra, peregrina y suave,
La solitaria intimidad del nido?

¿O alguien ignora lo que pasa, cuando
La Luna de las flébiles congojas,
A través de las almas y las hojas,
Derrama sombra y luz, como llorando?

Y habrá quien no haya visto en un inerte
Crepúsculo de gélidos candores,
Caer las violetas ulteriores,
De las lánguidas manos de la muerte?

II
Morir por ti, dice el eterno idioma
Con que se oferta el corazón amigo.

---

45 Las horas doradas, 1922, pág. 51. (N. del E.)

Voz de amada y arrullo de paloma,
Responden a su vez: morir contigo...

Morir, porque mejor luzca el empeño
De probar justamente que bien se ama,
Así como más claro alumbra el leño
Cuando la muerte al corazón la llama.

Morir de amor con la querida pena
Que eterniza en la muerte la ventura:
Desmayo de alabastro que serena
La propia perfección de su hermosura.

Morir como la noche cuando aclara,
Y al caer el ámbito postrero,
Finge un cárdeno lirio que volcara
La gota palpitante del lucero.

III
Amor que en una soledad de perla
Veló el misterio de su aristocracia,
Donde, sino el encanto de tu gracia,
No hay otro que estar triste de no verla.

Dichosa angustia de buscar tus manos,
Como si en la tristeza incomprendida
De tus ojos profundos y lejanos,
Hubiera ya un comienzo de partida.

Trémula adoración que es el sustento
De aquella aroma que tu amor resume:
Levedad generosa del perfume

Cuya vida es un desvanecimiento.

Ligero llanto en que la dicha emana
Su oscura plenitud de noche bella.
Inquietud de mirarte tan lejana
Y tan azul, que te me has vuelto estrella.

Comento
Y deshojado en los amores d'ella,
Ser esa rosa que murió temprana.

Rosa marchita[46]

Rosa marchita que el amante guarda
Entre viejos y pálidos papeles
Que a ese recuerdo vagamente fieles
Siente pasar bajo su mano tarda.

Quizá recuerda un algo de la vida
De aquel amor, tras tantos desengaños,
Y por eso parece que, a los años,
No está muerta la flor, sino dormida.

---

46 Las horas doradas, 1922, pág. 88. (N. del E.)

Rosa de otoño[47]

Abandonada al lánguido embeleso
Que alarga la otoñal melancolía,
Tiembla la última rosa que por eso
Es más hermosa cuanto más tardía.

Tiembla... un pétalo cae... y en la leve
Imperfección que su belleza trunca,
Se malogra algo de íntimo que debe
Llegar acaso y que no llega nunca.

La flor, a cada pétalo caído,
Como si lo llorara, se doblega
Bajo el fatal rigor que no ha debido
Llegar jamás, pero que siempre llega.

Y en una blanda lentitud, dichosa
Con la honda calma que la tarde vierte,
Pasa el deshojamiento de la rosa
Por las manos tranquilas de la muerte.

---

47 Las horas doradas, 1922, pág. 89. (N. del E.)

Alma venturosa[48]

Al promediar la tarde de aquel día,
Cuando iba mi habitual adiós a darte,
Fue una vaga congoja de dejarte
Lo que me hizo saber que te quería.

Tu alma, sin comprenderlo, ya sabía...
Con tu rubor me ilumino al hablarte,
Y al separarnos te pusiste aparte
Del grupo, amedrentada todavía.

Fue silencio y temblor nuestra sorpresa;
Mas ya la plenitud de la promesa
Nos infundía un jubilo tan blando,

Que nuestros labios suspiraron quedos...
Y tu alma estremecíase en tus dedos
Como si se estuviera deshojando.

---

48 Las horas doradas, 1922, pág. 133. (N. del E.)

El amor eterno[49]

(Violonchelo)

Deja caer las rosas y los días
Una vez más, segura de mi huerto.
Aún hay rosas en él, y ellas, por cierto,
Mejor perfuman cuando son tardías.

Al deshojarse en tus melancolías,
Cuando parezca más desnudo y yerto,
Ha de guardarse bajo su oro muerto
Las violetas más nobles y sombrías.

No temas al otoño, si ha venido.
Aunque caiga la flor, queda la rama.
La rama queda para hacer el nido.

Y como ahora al florecer se inflama,
Leño seco, a tus plantas encendido,
Ardiente rosas te echarán en su llama.

---

[49] Las horas doradas, 1922, pág. 152. (N. del E.)

Tonada[50]

Las tres hermanas de mi alma
Novio salen a buscar.
La mayor dice: yo quiero,
Quiero un rey para reinar.
Esa fue la favorita,
Favorita del sultán.

La segunda dice: yo
Quiero un sabio de verdad,
Que en juventud y hermosura
Me sepa inmortalizar.
Ésa casó con el mago
De la ínsula de cristal.

La pequeña nada dice,
Solo acierta a suspirar.
Ella es de las tres hermanas
La única que sabe amar.
No busca más que el amor,
Y no lo puede encontrar.

---

50 Romancero, 1924, pág. 79. (N. del E.)

La palmera

Al llegar la hora esperada
En que de amarla me muera,
Que dejen una palmera
Sobre mi tumba plantada.

Así, cuando todo calle,
En el olvido disuelto,
Recobrará el tronco esbelto
La elegancia de su talle.

En la copa, que su alteza
Doble con melancolía,
Se abatirá la sombría
Dulzura de su cabeza.

Entregará con ternura
La flor, al viento sonoro,
El mismo reguero de oro
Que dejaba su hermosura.

Y sobre el páramo yerto,
Parecerá que su aroma
La planta florida toma
Para aliviar al desierto.

Y con el deleite blando,
Hasta el nómade versátil
Va en la dulzura del dátil

---

51 Romancero, 1924, pág. 91. (N. del E.)

Sus dedos de ámbar besando.

Como un suspiro al pasar,
Palpitando entre las hojas,
Murmurará mis congojas
La brisa crepuscular.

Y mi recuerdo ha de ser,
En su angustia sin reposo,
El pájaro misterioso
Que vuelve al anochecer.

Elegía crepuscular[52]

Desamparo remoto de la estrella,
Hermano del amor sin esperanza,
Cuando el herido corazón no alcanza
Sino el consuelo de morir por ella.

Destino a la vez fútil y tremendo,
De sentir que con gracia dolorosa,
En la fragilidad de cada rosa
Hay algo nuestro que se está muriendo.

Ilusión de alcanzar, franca o esquiva,
La compasión que agonizando implora,
En una dicha tan desgarradora
Que nos debe matar por excesiva.

Eco de aquella anónima tonada
Cuya dulzura sin querer nos hizo
Con la propia delicia de su hechizo
Un mal tan hondo al alma enajenada.

Tristeza llena de fatal encanto,
En el que ya incapaz de gloria o de arte,
Solo acierto, temblando, a preguntarte
¡Qué culpa tengo de quererte tanto!...

Heroísmo de amar hasta la muerte,
Que el corazón rendido te inmolara,
Con una noble sencillez tan clara

---

52 Romancero, 1924, pág. 111. (N. del E.)

Como el gozo que en lágrimas se vierte.

Y en lenguaje a la vez vulgar y blando,
Al ponerlo en tus manos te diría:
No sé cómo no entiendes, alma mía,
Que de tanto adorar se está matando.

¿Cómo puedes dudar, si en el exceso
De esta pasión, yo mismo me lo hiriera,
Solo porque a la herida se viniera
Toda mi sangre desbordada en beso?

Pero ya el día, irremediablemente,
Se va a morir más lúgubre en su calma;
Y más hundida en soledad mi alma,
Te llora tan cercana y tan ausente.

Trágico paso el aposento mide...
Y al final de la alameda oscura,
Parece que algo tuyo se despide
En la desolación de mi ternura.

Glorioso en mi martirio, solo espero
La perfección de padecer por ti.
Y es tan hondo el dolor con que te quiero,
Que tengo miedo de quererte así.

Lied de la boca florida[53]

Al ofrecerte una rosa
El jardinero prolijo,
Orgulloso de ella, dijo:
No existe otra más hermosa.

A pesar de su color,
Su belleza y su fragancia,
Respondí con arrogancia:
Yo conozco una mejor.

Sonreíste tú a mi fiero
Remoque de paladín...
Y regresó a su jardín
Cabizbajo el jardinero.

---

53 Romancero, 1924, pág. 175. (N. del E.)

Libros a la carta

A la carta es un servicio especializado para
empresas,
librerías,
bibliotecas,
editoriales
y centros de enseñanza;
y permite confeccionar libros que, por su formato y concepción, sirven a los propósitos más específicos de estas instituciones.

Las empresas nos encargan ediciones personalizadas para marketing editorial o para regalos institucionales. Y los interesados solicitan, a título personal, ediciones antiguas, o no disponibles en el mercado; y las acompañan con notas y comentarios críticos.

Las ediciones tienen como apoyo un libro de estilo con todo tipo de referencias sobre los criterios de tratamiento tipográfico aplicados a nuestros libros que puede ser consultado en Linkgua-ediciones.com.

Linkgua edita por encargo diferentes versiones de una misma obra con distintos tratamientos ortotipográficos (actualizaciones de carácter divulgativo de un clásico, o versiones estrictamente fieles a la edición original de referencia).

Este servicio de ediciones a la carta le permitirá, si usted se dedica a la enseñanza, tener una forma de hacer pública su interpretación de un texto y, sobre una versión digitalizada «base», usted podrá introducir interpretaciones del texto fuente. Es un tópico que los profesores denuncien en clase los desmanes de una edición, o vayan comentando errores de interpretación de un texto y esta es una solución útil a esa necesidad del mundo académico.

Asimismo publicamos de manera sistemática, en un mismo catálogo, tesis doctorales y actas de congresos académicos, que son distribuidas a través de nuestra Web.

El servicio de «libros a la carta» funciona de dos formas.

1. Tenemos un fondo de libros digitalizados que usted puede personalizar en tiradas de al menos cinco ejemplares. Estas personalizaciones pueden ser de todo tipo: añadir notas de clase para uso de un grupo de estudiantes, introducir logos corporativos para uso con fines de marketing empresarial, etc. etc.

2. Buscamos libros descatalogados de otras editoriales y los reeditamos en tiradas cortas a petición de un cliente.

www.ingramcontent.com/pod-product-compliance
Lightning Source LLC
Chambersburg PA
CBHW051343040426
42453CB00007B/393